AF580243

# LE
# CAPITAINE CHÉRUBIN

SOUVENIR, MÊLÉ DE CHANT

PAR

MM. DUMANOIR ET LAMBERT THIBOUST

Représenté pour la première fois, à Paris, sur le théâtre des VARIÉTÉS, le 9 avril 1859.

PARIS
MICHEL LÉVY FRÈRES, LIBRAIRES-ÉDITEURS,
RUE VIVIENNE, 2 BIS
—
1859

## Distribution de la pièce.

---

| | |
|---|---|
| CHÉRUBIN (du Mariage de Figaro)....... | Mlles DÉJAZET. |
| CHÉRUBIN (de la Mère coupable)........ | |
| LA COMTESSE ALMAVIVA............. | HINRY. |
| PÉBLA.............................. | DAUDOIRD. |
| DIÉGO.............................. | MM. ROLAND. |
| UN ALCADE.......................... | VIDEIX. |
| UN POSTILLON....................... | PROVOST. |
| PAYSANS ET PAYSANNES................. | |

La musique, nouvelle, a été composée par M. E. DÉJAZET.

---

Toutes les indications sont prises de la gauche et de la droite du spectateur. Les personnages sont inscrits en tête des scènes dans l'ordre qu'ils occupent au théâtre. Les changements de position sont indiqués par des renvois au bas des pages.

# LE CAPITAINE CHÉRUBIN

L'intérieur de l'hôtellerie de Pébla. — Au fond, au milieu, une large fenêtre ; à côté de cette fenêtre, à gauche, une porte ; une deuxième porte à gauche, deuxième plan ; une troisième porte à droite, troisième plan ; des tables couvertes de pots de vin et de verres. — Un grand fauteuil, à droite, près duquel est un petit tabouret de pied.

—

## SCÈNE PREMIÈRE.

PÉBLA, L'ALCADE, PAYSANS et PAYSANNES, puis DIÉGO, puis LA COMTESSE.

(Au lever du rideau, Pébla et les paysans, en habits de fête, dansent joyeusement. — Les buveurs les accompagnent, qui avec leurs guitares, qui avec des tambours de basque, qui en battant des mains.)

CHOEUR.

*Air nouveau.*

Bravo! bravo!
A Pébla le prix de la danse!
Au boléro
La voilà qui s'élance!
Bravo! (*bis.*)
Le jour s'avance :
Hâtons-nous, filles et garçons;
Après la danse,
Disputons le prix des chansons.
Bravo! (*bis.*)
A Pébla le prix de la danse! etc.

L'ALCADE, monté sur une table.

Le prix de la danse, à Pébla, l'hôtellière! (Il lui remet des boucles d'oreilles.)

TOUS.

Bravo! (L'alcade descend de la table et s'assied.)

DIÉGO, entrant par le fond *.

Et le prix de l'arquebuse, c'est moi qui l'ai gagné!.. Tenez!..

* Dié. Péb. l'alc.

(Il montre un canard à Pébla.) C'est pour le repas de fiançailles... A quand notre mariage, Pébla?

PÉBLA.

Je n'aime pas le canard.

DIÉGO.

Ah! méchante! (On rit.) Allons, à boire! (Il va à la table de l'alcade.)

TOUS.

A boire!.. (Ils trinquent et boivent. Pendant ces derniers mots, la comtesse, vêtue en paysanne, est entrée par le fond, s'est glissée derrière les paysans sans être vue, et a gagné la droite.)

LA COMTESSE, bas *.

Pébla!..

PÉBLA, allant à elle.

Vous, Madame!.. ce costume!

LA COMTESSE, bas.

Tais-toi!.. Pour tout le monde, je suis ta parente... Brigitte... ce que tu voudras.

DIÉGO, la voyant, et s'approchant.

Tiens! quelle est donc cette belle fille-là?.. Ce n'est pas du pays.

PÉBLA, le repoussant.

C'est ma cousine... (Elle cherche le nom.)

LA COMTESSE, bas.

Brigitte.

PÉBLA.

Ma cousine Brigitte, du village d'Oviédo.

DIÉGO.

Ah! vous avez une cousine, vous? (Bas.) Elle est superbe.

PÉBLA, le repoussant toujours.

Elles sont toutes comme ça, à Oviédo.

DIÉGO.

Joli village!

L'ALDADE, tendant son verre.

A boire, Diégo!.. L'autorité attend. (Diégo retourne à la table de l'alcade.)

LA COMTESSE, bas à Pébla.

Eh bien!.. sois franche, mon enfant... Le comte?..

PÉBLA, avec embarras.

Dame!.. il m'a fait dire qu'il me trouvait gentille... par un grand, grand homme, qui avait un grand chapeau et qui m'a fait l'effet d'un grand escogriffe...

LA COMTESSE, à part.

Le digne Bazile. (Haut.) Et tu as répondu?..

PÉBLA.

J'ai répondu que j'étais fiancée.

* L'alc. Diég. Péb. la comt.

LA COMTESSE.

Et qu'a-t-il dit?

PÉBLA.

Le grand... chapeau?.. Rien... Seulement, quand il est parti, j'ai trouvé dans mes poches...

LA COMTESSE.

Des présents... des bijoux, sans doute?..

PÉBLA.

Que ce vieux monstre y avait fourrés, tout en me parlant... Hein! comme on est volé!.. D'abord, ce beau collier, que je vais lui rendre... (Elle le montre.)

LA COMTESSE.

Que tu acceptes.

PÉBLA.

Moi?..

LA COMTESSE.

Je le veux.

PÉBLA.

Et cette bague, et ces boucles d'oreilles? (Elle les montre.)

LA COMTESSE.

Tu les acceptes.

PÉBLA, étonnée.

Toujours?..

LA COMTESSE.

Je le veux.

PÉBLA.

C'est-il drôle!.. Mais, ce n'est pas tout... il y avait aussi une lettre.

LA COMTESSE.

Ah!

PÉBLA, tirant la lettre de sa poche.

Que, naturellement, vous allez me dire d'accep...

LA COMTESSE.

Non... donne... (Elle prend la lettre.)

PÉBLA.

Tiens!.. (A part.) Elle prend ce qu'il y a de moins beau!

LA COMTESSE, qui a lu.

Oh! c'est indigne!.. Il te propose... une fortune...

PÉBLA, vivement.

Ah! cette fois, je refuse.

LA COMTESSE, lui serrant la main.

C'est bien (Lisant, à part.) Il lui demande un rendez-vous... demain... Ah! M. le comte... vous ne pourrez pas nier, cette fois... je tiens des preuves.

L'ALCADE, se levant.

Maintenant, passons au prix du chant!

TOUS.

La chanson! la chanson!..

LA COMTESSE, à Pébla.

Pas un mot!.. (Elle sort par la droite.)

DIÉGO *.

Oui, le concours de la chanson!

TOUS.

Oui!.. oui!..

L'ALCADE, tirant une montre de sa poche.

Silence!.. Cette montre et ces breloques, à celui qui chantera la plus belle séguedille des Espagnes.

DIÉGO.

Ce prix-là, c'est moi qui l'aurai!

TOUS.

C'est moi! c'est moi!

L'ALCADE, s'asseyant à gauche.

Allez... (Diégo et deux paysans, s'accompagnant de leurs guitares, se mettent à chanter ensemble sur des airs différents.)

DIÉGO, chantant.

Il est un muletier qui passe
Sous ta fenêtre tous les soirs...

PREMIER PAYSAN.

De Madrid à Séville,
Il n'est pas une señora...

DEUXIÈME PAYSAN.

Celle que j'aime est la plus belle...

L'ALCADE, se levant.

Silence donc!.. Pas tous à la fois! (La porte de gauche s'ouvre brusquement. — Chérubin paraît.)

## SCÈNE II.

LES MÊMES, CHÉRUBIN.

CHÉRUBIN, entrant **.

Ah çà! on ne peut donc pas dormir, dans cette hôtellerie?

PÉBLA, bas et vivement, aux autres.

Le petit voyageur arrivé hier!... Il est gentil, pas vrai?

DIÉGO.

Mon jeune cavalier?.. c'est qu'aujourd'hui, voyez-vous, c'est la fête du village; et alors, il y a des prix offerts par monseigneur le comte Almaviva.

CHÉRUBIN.

Ah?

DIÉGO.

Et maintenant, c'est le concours pour la plus belle séguedille... Ce prix-là, je l'aurai : car la plus belle, je la connais, c'est celle de l'Aragon.

* L'alc. Diég. Péb.
** L'acl. Chér. Diég. Péb.

PREMIER PAYSAN.

Non... c'est celle de la Castille !

TOUS.

Non!... non!... c'est la mienne!

CHÉRUBIN.

Non!... c'est celle de l'Andalousie..., de ma belle et douce patrie... Seigneur alcade, puis-je concourir?

L'ALCADE.

Tout à votre aise.

CHÉRUBIN, à Diégo.

Mon ami, voulez-vous me prêter votre mandoline?

DIÉGO, la lui donnant.

Voilà. (Il passe près de l'alcade.)

CHÉRUBIN, à Pébla, qui s'est approchée lui et le regarde de près *.

Señora, ne me regardez pas... parce que... quand on me regarde, on me trouble... quand on me trouble, mon cœur bat... et quand mon cœur bat, je ne peux plus chanter.

PÉBLA.

Pauvre petit!... Vraiment?

CHÉRUBIN.

Je suis comme cela.

DIÉGO, bas à l'alcade.

Est-il innocent, hein?

CHÉRUBIN, regardant Pébla en dessous, à part.

Elle est bien jolie, cette petite-là... Mais l'autre... l'autre!... (Voyant qu'on l'écoute, haut.) Premier couplet!

Air nouveau de M. EUGÈNE DÉJAZET.

I.

Je vais revoir mon amoureuse!
Elle m'a dit : Venez sans bruit,
Tra la la la la la...
Quand la cloche mystérieuse
Dans l'ombre aura sonné minuit!
Je vais revoir mon amoureuse,
Lorsque la cloche aura sonné minuit!
Tra la la la la la.

LES PAYSANS, sur le refrain.

Au doux refrain de son pays,
A sa chanson donnons le prix!

CHÉRUBIN.

II.

Ah! j'ai revu mon amoureuse!
Pour moi la nuit
Trop tôt s'enfuit!

* L'alc. Diég. Chér. Péb.

Tra la la la la la la ..
Mais, dans l'ombre mystérieuse,
Demain, je reviendrai sans bruit.
Je l'aime tant, mon amoureuse !
Ah! que n'est-il déjà minuit!
Tra la la la la la la...

LES PAYSANS, sur le refrain.

Au doux refrain de son pays,
A sa chanson donnons le prix !

TOUS.

Vivat!

L'ALCADE, se levant.

Mon jeune seigneur, votre nom?

CHÉRUBIN, allant à lui *.

Chérubin.

L'ALCADE.

Eh bien! seigneur don Chérubin, à vous la montre et les breloques! (Il les lui remet.)

TOUS.

Bravo !

CHÉRUBIN, les donnant à Diégo.

Tenez, mon ami... c'est pour vous.

DIÉGO.

Ah! je savais bien que j'aurais le prix !

L'ALCADE.

Et maintenant, à la danse, sur la grande pelouse!

TOUS.

A la danse!

CHOEUR.

*Air nouveau.*

C'est fête au village !
Sautons,
Faisons tapage :
C'est fête au village!
Allons,
Vidons
Les flacons !
Au son joyeux du tambourin,
Fillettes, mettez-vous / mettons-nous en train.
C'est fête au village, etc.

(Ils sortent joyeusement par le fond, en dansant. Chérubin est allé s'asseoir tout pensif sur le fauteuil. Pébla est restée au fond et le regarde de loin.)

* L'alc. Chér. Diég. Péb.

## SCÈNE III.

PÉBLA, CHÉRUBIN.

CHÉRUBIN.

Ouf!

PÉBLA, à part.

Il soupire!

CHÉRUBIN.

Je ne la verrai plus!

PÉBLA, à part.

Il est tout triste!... C'est peut-être qu'il a faim, le pauvre enfant. (Haut.) Seigneur cavalier, avez-vous déjeuné?

CHÉRUBIN.

Non... et je n'ai pas faim...

PÉBLA.

C'est que... vous avez l'air si malheureux... que, malgré moi, je suis toute triste aussi.

CHÉRUBIN, se levant et allant à elle.

Oh! oui, va... je suis bien malheureux, ma pauvre... Comment t'appelles-tu?

PÉBLA.

Pébla.

CHÉRUBIN.

Tiens! c'est un joli petit nom... Le sien aussi est joli... Rosine... Comme il est doux à prononcer!... Aussi, je le prononce toute la journée... et puis, après, toute la nuit.

PÉBLA.

Mais enfin, qu'avez-vous?... Je serais si heureuse de vous consoler!

CHÉRUBIN.

Tu voudrais me consoler?... Hélas! c'est impossible!... J'ai des peines de cœur.

PÉBLA.

Des peines de cœur?

CHÉRUBIN.

Oui... J'aime, j'adore une femme, Pébla... et son mari m'a chassé.

PÉBLA.

Elle est mariée!... Mais c'est bien mal d'aimer une femme mariée!

CHÉRUBIN, d'un ton contrit.

C'est bien mal... mais c'est bien bon!... Et puis, il faut tout dire, elle est ma marraine.

PÉBLA.

Ah!... alors, c'est différent... Et cet homme-là a eu le cœur de vous chasser!... Faut-il être méchant!...

CHÉRUBIN.

Alors, on m'a donné cinquante pistoles, un grand cheval, une grande épée, et une commission de lieutenant dans les armées du roi... Je vais rejoindre mon régiment... Je n'ai qu'un pas à faire, un sentier à suivre, un ruisseau à franchir, pour être dans une autre province!... Voilà pourquoi je reste dans ce village... Il semble que je suis encore près d'elle!

PÉBLA.

Elle habite le pays?

CHÉRUBIN.

Oui.

PÉBLA.

Et vous l'aimez bien?

CHÉRUBIN, avec exaltation.

Oh! Si tu savais comme elle est belle!.. Des yeux!..(Regardant Pébla.) Tiens!... toi aussi, tu as de jolis yeux... Une taille!... Tiens!.. mais, toi aussi, tu as une jolie taille. (Il enlace Pébla.)

PÉBLA.

Seigneur cavalier!..

CHÉRUBIN.

Oh! que crains-tu?... Je suis si timide!... (Il garde Pébla dans ses bras.) Si tu savais quelle émotion s'emparait de moi, quand elle me regardait... quand, par hasard, je touchais sa main!... (Prenant la main de Pébla.) Tiens!... elle est gentille, ta main.

PÉBLA, voulant la retirer.

Mais...

CHÉRUBIN.

Oh! laisse-la dans la mienne... je suis si timide!... et puis, nous causons bien mieux comme cela... et c'est si bon de causer, d'ouvrir son cœur, de raconter ces mille petits riens dont le souvenir enivre! — Tiens... un soir... j'étais près d'elle... comme je suis près de toi... nous lisions dans le même livre... c'est-à-dire, moi, je ne lisais pas... et je crois bien qu'elle ne lisait pas non plus... Ses cheveux effleuraient ma joue... comme les tiens, en ce moment... (S'interrompant.) Ah! qu'ils sont doux, tes petits cheveux!... (Reprenant.) Alors, comme ma marraine était probablement fatiguée, ses yeux se fermèrent et sa tête se pencha... ainsi, sur mon épaule. (Il pose doucement sa tête sur l'épaule de Pébla, de façon à effleurer sa joue.)

PÉBLA, très-émue.

Seigneur cavalier!...

CHÉRUBIN, sans quitter sa position.

Oh! je suis si timide!

PÉBLA.

Heureusement que vous êtes timide!.. Sans cela, je ne vous laisserais pas pas faire, allez.

CHÉRUBIN.

Puisque nous causons.

PÉBLA.

Oui, mais ces causeries-là, c'est bien drôle... Il me semble que ma tête s'alourdit... mes yeux se ferment malgré moi...

CHÉRUBIN.

Comme ma marraine... tu vas t'endormir.

PÉBLA, naïvement et se dégageant.

Ah! non, puisque mon cœur bat!.. Seigneur cavalier... je vous en prie, ne soyez plus timide... ça me fait peur.

CHÉRUBIN.

Que crains-tu?.. puisque j'en aime une autre...

PÉBLA, tristement.

Ah! c'est vrai... c'est vrai... vous en aimez une autre.

CHÉRURIN, avec passion.

Oh! oui!.. Sans cela, j'oserais... (Il l'embrasse.)

PÉBLA.

Mais, vous osez!..

CHÉRUBIN.

Tiens! c'est, ma foi, vrai!.. j'ai osé!

PÉBLA.

Je suis fiancée à Diégo... on n'embrasse pas les fiancées... Ainsi, restons bons amis...

CHÉBUBIN.

Tu as raison... Adieu, Pébla.

PÉBLA.

Adieu, seigneur Chérubin.

CHÉRUBIN, passant à gauche *.

Je vais me jeter sur mon lit; je fermerai les yeux, et je la verrai... car, à chaque instant, je crois la voir,.. je crois... (Apercevant tout à coup la comtesse, qui vient de rentrer à droite, il pousse un cri la comtesse, le reconnaissant, détourne rapidement la tête.)

## SCÈNE IV.

### LES MÊMES, LA COMTESSE.

PÉBLA, étonnée du cri de Chérubin**.

Quoi donc?

CHÉRUBIN, à part.

C'est elle!.. Mais non!.. je suis fou!.. Pourtant... (Haut et tendant les bras.) Ma marraine!..

PÉBLA.

Vot' marraine?..

LA COMTESSE, bas à Brigitte.

Songe à ce que je t'ai dit!

* Chér. Péb.
** Chér. la com. Péb.

PÉBLA, riant et passant près de Chérubin.

Votre marraine?.. mais c'est la cousine Brigitte, qui vient m'aider pour la fête.

CHÉRUBIN, les yeux fixés sur la comtesse.

Ah! (Il remonte*.)

VOIX, au dehors.

A boire! à boire!

PÉBLA, gourmandant la comtesse.

Entends-tu, paresseuse?.. on t'appelle... Allons, vite au cellier!... Veux-tu te dépêcher!.. (Elle feint de la pousser.)

CHÉRUBIN, intervenant.

Ah! ne lui fais pas de mal!..

PÉBLA.

Puisque c'est ma cousine**.

CHÉRUBIN, à part.

Sa cousine?.. une servante?.. Voyons, est-ce que je deviens fou?.. est-ce que ma tête... Mais ces yeux, ce regard...

VOIX, au dehors.

A boire!..

LA COMTESSE, faisant un mouvement pour sortir.

Pébla, on m'appelle.

CHÉRUBIN, à part.

Ah! la même voix! (Bas à Pébla.) Pébla, je t'en supplie, dis-moi la vérité... C'est une grande dame, n'est-ce pas?.. C'est elle?..

PÉBLA, riant.

Une grande dame?.. Ah! ah! ah!.. Il est fou!..

VOIX, au dehors.

Allons donc, Pébla!

PÉBLA.

Viens, Brigitte!.. Voilà!.. voilà!.. (Elle sort par le fond : la comtesse fait un mouvement pour la suivre.)

## SCÈNE V.

### CHÉRUBIN, LA COMTESSE.

CHÉRUBIN, arrêtant la comtesse.

Oh! ne partez pas, Brigitte!

LA COMTESSE.

Mais... on m'attend.

CHÉRUBIN.

Reste, je t'en prie!

LA COMTESSE.

Mais il faut que j'aide Pébla... je suis servante.

* Chér. Péb. la com.

** Péb. Chér. la com.

CHÉRUBIN, résolûment.

Eh bien!.. si tu es servante, tu dois me servir!.. (A part.) Nous allons voir... (Haut, s'asseyant près de la table du milieu, et tendant son verre.) Allons, la fille, sers-moi. . à boire!..

LA COMTESSE, avec empressement.

Tout de suite, voilà.

CHÉRUBIN, se levant tout à coup et retenant avec respect les mains de la comtesse prêtes à saisir le flacon.

Oh! non!.. non!.. Que vos belles mains ne touchent pas ce vase grossier... ô marraine!..

LA COMTESSE, riant.

Marraine?.. (Avec un peu d'autorité.) Mais je suis Brigitte... Je suis une paysanne.

CHÉRUBIN, très-soumis.

Oui. . oui... vous êtes une paysanne.. oui, marraine.

LA COMTESSE.

Encore?..

CHÉRUBIN, obéissant.

Non, Brigitte... Ah! tu vois, je suis bien gentil, je viens de t'appeler Brigitte... tu dois être contente... Mais... qu'est-ce que cela peut te faire?.. Laisse-moi t'appeler un peu Rosine... Veux-tu?

LA COMTESSE.

Dame! seigneur cavalier, si cela peut vous être agréable...

CHÉRUBIN.

Et puis... laisse-moi t'appeler un peu marraine... Veux-tu, Rosine?

LA COMTESSE.

Dame! si cela peut vous être encore agréable.

CHÉRUBIN.

Et puis...

LA COMTESSE, se récriant.

Comment? ce n'est pas tout?..

CHÉRUBIN.

Non... Assieds-toi là... (Il lui présente une chaise à gauche.)

LA COMTESSE.

Moi?.. et pourquoi?

CHÉRUBIN.

Toujours pour m'être agréable.

LA COMTESSE, tout en cédant.

Mais, je ne comprends pas...

CHÉRUBIN *.

Tu vas comprendre... Vois-tu, Brigitte, j'étais le page d'une grande et noble dame... qui te ressemblait!.. C'était ma marraine, ma protectrice, et il a fallu la quitter... Eh bien! quand tu es là, assise, et que je me tiens debout à tes côtés, il me semble que... que c'est hier, que l'on ne m'a pas chassé

* La com. Chér.

du château, que je suis encore près d'elle!.. (La comtesse veut parler.) Oh! ne dis rien!.. Que t'importe que je divague, que je m'égare dans mes illusions?.. Cela ne peut pas te faire de mal, et cela me fait tant de plaisir!.. ô Rosine!.. ma belle marraine!

LA COMTESSE, se levant.

Mais dites donc Brigitte!

CHÉRUBIN *.

Oui, marraine... (Se reprenant.) Oui, Brigitte... Au fait, j'aime mieux t'appeler ainsi... car je n'osais lui dire, à elle, tout ce qu'il y avait là, dans ce pauvre cœur troublé... « Je le disais tout seul, en courant dans le parc, aux arbres, aux nuages, au vent qui les emportait avec mes paroles perdues... » Mais, puisque tu es une servante, je ne vais pas me gêner avec toi... (Avec expansion.) O...

LA COMTESSE, l'arrêtant vivement.

Non!.. songez qu'on peut venir!

CHÉRUBIN, à part.

C'est elle, bien sûr, c'est-elle! (Haut.) La dernière fois que je l'ai vue... elle était assise dans un grand fauteuil... comme celui-ci... (La poussant doucement vers le fauteuil.) Tiens, pour t'en donner une idée...

LA COMTESSE, riant malgré elle.

C'est inouï!.. Je fais tout ce que vous voulez! (Elle s'assied.)

CHÉRUBIN.

Puisque tu es servante, c'est ton devoir, c'est ton état... Pourquoi es-tu servante?.. (Reprenant.) Elle avait sous les pieds un coussin... (Il prend le tabouret, qu'il place sous les pieds de la comtesse.) Là, voilà le coussin... pose tes pieds là-dessus... (Vivement.) Ah! tes petits pieds!.. tout pareils aux siens!.. (La comtesse les cache. — A part.) Oh! c'est-elle! c'est-elle! (Haut.) Et moi, j'étais à ses côtés... je baissais les yeux... mais je la contemplais en dessous... Brigitte! tu me la rends... Ce n'est plus toi... c'est vous!.. Oh! ne me regardez pas avec colère!.. que je voie un sourire sur vos lèvres, un sourire dans vos yeux... et je vous chanterai ma romance... cette romance, que j'ai faite pour vous et que vous aimez tant!..

LA COMTESSE, voulant se lever.

Non! non!

CHÉRUBIN, la retenant.

Brigitte... je t'en prie!.. (Il chante.)

« Au près d'une fontaine,  
(Que mon cœur, que mon cœur a de peine!)  
« Songeant à ma marraine,  
« Sentais mes pleurs couler.

« Sentais mes pleurs couler...  
« Le roi vint à passer :

* Chér. la com.

« — Beau page, dit la reine, »
(Que mon cœur, que mon cœur a de peine!)
« Qui vous met à la gêne?
« Qui vous fait tant pleurer ?

« Qui vous fait tant pleurer?
« Nous faut le déclarer.
« — Madame et souveraine, »
(Que mon cœur, que mon cœur a de peine !)
« J'avais une marraine,
« Que toujours adorai!

« Que toujours adorai!
« — Je vous en servirai...
« Puis à ma jeune Hélène, »
(Que mon cœur, que mon cœur a de peine!)
« Fille d'un capitaine,
« Un jour vous marierai...

« Un jour vous marierai ..
« — Nenni, n'en faut parler...
« Je veux, traînant ma chaîne,
(Tant mon cœur, tant mon cœur a de peine !)
« Mourir de cette peine,
« Mais point m'en consoler!

LA COMTESSE, dans le plus grand trouble, se levant.

Chérubin!..

CHÉRUBIN.

Ah! c'est vous!.. c'est bien vous!..

LA COMTESSE, d'une voix très-émue.

Oui... mais partez, Chérubin... il le faut... Notre protection, nos vœux vous suivront toujours dans la carrière que vous allez parcourir. — Adieu, mon enfant. (Coup de tonnerre lointain, puis de nouveaux coups qui se rapprochent et se succèdent. La nuit vient peu à peu. — Musique à l'orchestre.)

CHÉRUBIN.

Vous, dans ce village!.. sous ce déguisement!..

LA COMTESSE.

Silence!

CHÉRUBIN.

Ah! je devine!.. vous veniez surprendre votre époux... que vous aimez!.. et qui vous trompe!..

LA COMTESSE, sévèrement.

Chérubin !..

CHÉRUBIN.

Pardon!.. (Violent coup de tonnerre.) Ah! Dieu soit loué!.. L'orage, le tonnerre, la pluie, voilà le temps qu'il me faut pour partir!.. Par un beau soleil, par une belle nuit, il me semble que le cœur m'aurait failli au moment de quitter ce pays... où j'ai été si heureux!.. (L'orage grossit.)

LA COMTESSE.

Mais non!.. un pareil temps!..

CHÉRUBIN.

Adieu, ma marraine!.. (A part en soupirant.) J'avais pourtant bien des choses à lui dire!..

LA COMTESSE.

Alors, que Dieu vous conduise... et vous protége, Chérubin!

CHÉRUBIN, avec sentiment.

Merci!.. (Avec effort.) et adieu! (Il sort rapidement par le fond. — Nouveaux coups de tonnerre. — Pluie torrentielle. — La fenêtre, poussée par le vent, s'ouvre avec fracas. — La musique continue à l'orchestre.)

LA COMTESSE, seule.

Ah! mon Dieu!.. un pareil orage, à l'approche de la nuit!.. (Entrent par le fond, Pébla, tenant son mouchoir sur sa tête, Diégo, un postillon et deux paysans.)

## SCÈNE VI.

UN POSTILLON, DIÉGO, LA COMTESSE, PÉBLA, DEUX PAYSANS.

PÉBLA, courant fermer la fenêtre.

Ah! bon Dieu! en voilà un orage! (Les paysans rangent les tables et les siéges au fond, à droite et à gauche de la fenêtre.)

LA COMTESSE.

N'importe!.. il faut que je rentre au château.

PÉBLA, s'approchant d'elle.

Impossible, madame la comtesse.

LA COMTESSE.

Que dis-tu?

DIÉGO.

Le grand torrent a débordé... il y a un pied d'eau sur la route...

LE POSTILLON.

Et les mules, effrayées par le tonnerre, font des gambades à briser le carrosse.

LA COMTESSE.

Allons, attendons... cet orage ne durerera pas toute la nuit.

PÉBLA.

Voilà la fête tombée dans l'eau!

DIÉGO, regardant à travers les carreaux de la fenêtre.

Comme ils se sauvent tous! (Au postillon.) Je vais vous aider à remiser, monsieur le postillon.

LE POSTILLON.

C'est cela, mon garçon... viens.

PÉBLA.

Attendez... je vais vous éclairer. (Pébla, le postillon et les deux paysans sortent par le fond. — La comtesse reste seule. — Nuit complete. — L'orage continue, mais semble s'éloigner.)

## SCÈNE VII.

LA COMTESSE seule.

Quel temps, juste ciel!.. Et Chérubin qui va se mettre en route par une nuit si affreuse!.. Pauvre enfant!.. Ah! je suis accablée, comme anéantie!.. et pourtant mon cœur bat, j'ai la fièvre... (Se laissant tomber sur le fauteuil ) C'est l'orage, sans doute. (Après un moment de silence ) Est-ce bien l'orage?.. (Rêveuse.) On le chasse, à cause de moi... Il va nous quitter... et je... (Se reprenant.) nous ne le reverrons que dans trois ans... Et, quand il reviendra, ce sera un officier, ce sera un homme... Tous ces naïfs transports, ces troubles incompris, qui étonnent le cœur de cet enfant, auront pris un nom et s'appelleront de l'am... (Se levant tout à coup.) Mais s'il n'allait pas revenir!.. s'il était tué!.. Oh! l'horrible idée!.. chassons-la... (Elle retombe assise et sa tête se renverse sur le dossier du fauteuil.) Ah! je suis brisée!.. (Lentement et d'une voix qui s'éteint.) Trois ans!.. C'est étrange... je ne puis m'imaginer qu'alors ce ne sera plus un enfant... Ma pensée s'épuise en efforts pour franchir ces trois années .. pour se transporter au jour, où je verrai paraître... à cette porte... un beau cavalier... qui... sera... (Elle s'endort. — Un nuage s'élève de terre; et, montant peu à peu, finit par couvrir tout le théâtre. Le nuage continue son ascension et, quand il a disparu tout à fait, on voit, à la place de la salle d'auberge, un salon du château d'Aguas-Frescas. Porte au fond, autre porte à gauche. — A droite, fenêtre ouvrant sur un balcon. — A gauche, un canapé. — La comtesse, en costume de grande dame, est endormie sur le fauteuil. — Le jour a paru.)

LA COMTESSE, rêvant.

Suzanne! Suzanne!.. Est-ce que vous n'entendez rien?.. (Musique.) Ecoutez!... N'est-ce pas le galop d'un cheval?... Tenez!.. regardez!.. là-bas!.. au bout de la grande avenue!.. ce jeune officier... il s'arrête!.. il descend de cheval!.. on l'entoure!.. on l'embrasse!.. (S'agitant.) C'est... c'est lui!..

## SCÈNE VIII.

### LE CAPITAINE CHÉRUBIN, LA COMTESSE.

LA COMTESSE.

Chérubin !

CHÉRUBIN.

Ah ! ma marraine !... (Avec respect.) Madame la comtesse !..

LA COMTESSE.

Chérubin !... c'est lui !.. c'est vous !...

CHÉRUBIN, gaiement.

C'est moi !

LA COMTESSE, toute tremblante.

Et vous n'êtes pas mort ?.. On ne vous a pas tué ?

CHÉRUBIN.

Non .. pas tout à fait... (Avec abandon.) Et, quand j'eusse été mort, est-ce que je ne ressusciterais pas aujourd'hui ?... Ah ! quel accueil ! quelle fête !.. Le vieil Antonio riait et pleurait à la fois !.. Bartholo est venu se jeter à mon cou !.. Bazile lui-même voulait m'embrasser !.. Moi, j'ai embrassé Suzanne... et Fanchette aussi .. et Marceline aussi !... Bah ! tant pis !... Jusqu'à Bride-Oison, qui ne bégayait plus, à force de joie !.. jusqu'au vieux chien de garde, qui est venu se jeter dans mes jambes en me léchant les mains !... Je crois, Dieu me damne ! que les oiseaux du parc avaient organisé un concert pour mon retour*!.. Et ici, dans ce salon, où s'est écoulée ma riante jeunesse, vous, Madame !.. que je n'ose plus appeler ma marraine !.. vous, pour qui les trois années qui viennent de s'écouler semblent trois années de moins, tant je vous retrouve radieuse et belle !... Ah ! que je suis heureux !.. que je suis heureux !..

LA COMTESSE, l'examinant avec une joie enfantine.

Et ces insignes ?... Capitaine, n'est-ce pas ?

CHÉRUBIN.

Capitaine.

LA COMTESSE, fièrement.

Vous vous êtes bien battu ?

CHÉRUBIN, gaiement.

Ah ! ma foi, oui... je n'y mets pas de modestie... je me suis bien battu... (Changeant de ton.) Ah ! c'est qu'aussi, à défaut du panache blanc du roi de Navarre que les Français suivaient dans la mêlée, une image resplendissante et adorée me précédait partout !...

LA COMTESSE, à part.

Que dit-il ?

* La com. Chér.

CHÉRUBIN.

Partout, il me semblait voir deux grands beaux yeux ouverts sur moi !.. il me semblait entendre une voix mystérieuse qui murmurait à mon oreille : « Courage !.. courage, enfant, pour être digne de moi !... » Alors, je devenais un lion !.. Je frappais à droite, à gauche, de tous côtés !... Ah ! pour l'amour de ces beaux yeux-là, j'ai blessé bien du monde, allez !

LA COMTESSE, d'un ton de reproche.

Vous !...

CHÉRUBIN, gaiement.

Oh ! ne les plaignez pas, on me l'a rendu... à plusieurs reprises... incomplétement d'abord... (Plus sérieux.) Mais, la dernière fois !...

LA COMTESSE.

O ciel !... une blessure dangereuse ! (Elle se laisse tomber sur le canapé.)

CHÉRUBIN.

Je venais de recevoir un furieux coup de sabre !... J'avais essayé de tenir bon, ferme sur mes jambes... à cause des yeux que vous savez... et qui me regardaient toujours... Mais, toutes mes forces s'échappant avec mon sang, j'étais tombé... (Il se laisse glisser à ses pieds.) Le médecin du régiment s'était éloigné en secouant la tête, et le colonel, qui passait par là, avait dit : « Pauvre garçon ! c'est fini !... » J'allais mourir !... (Mouvement de la comtesse. — D'une voix faible.) Alors, je me fis soulever... je fis tourner mon pâle visage vers notre chère Andalousie... vers ce vieux château, que je croyais voir bien loin, bien loin, dans l'espace... Je ne voulus pas que mon cœur cessât de battre, avant d'avoir exhalé sa secrète pensée... et, faisant un effort suprême, je m'écriai... comme si elle eût pu m'entendre... « Marraine... marraine !... je meurs. . et je vous aime ! »

LA COMTESSE.

Ah ! taisez-vous !.. taisez-vous !...

CHÉRUBIN, toujours à ses pieds.

Air : *Mon cœur soupire !*

Pour toi j'expire !
Donne, à ton tour,
A mon délire
Tout ton amour !

LA COMTESSE, parlant sur la musique qui continue.

Mon ami !.. mon enfant !..

CHÉRUBIN, se relevant.

Votre enfant !... Eh bien ! oui... Ce que l'enfant ressentait jadis, sans pouvoir se l'expliquer, l'homme l'a compris enfin !... je vous aime !.. (S'asseyant à côté d'elle et reprenant l'air.)

Donne un sourire
A mon retour!
A mon délire
Tout ton amour!

LA COMTESSE, s'abandonnant.

Chérubin!

CHÉRUBIN.

Rosine! (Il la reçoit dans ses bras. — On frappe rudement à la porte du fond.)

LA COMTESSE, se levant, ainsi que Chérubin.

Écoutez!... on frappe!

UNE VOIX, en dehors.

Ouvrez, Madame!.. ouvrez!

CHÉRUBIN.

La voix du comte!

LA COMTESSE.

Je suis perdue!

CHÉRUBIN, courant à la porte de gauche.

Non!.. cette chambre!... (Essayant d'ouvrir la porte.) Fermée*!

LA COMTESSE.

Il vous tuera!

CHÉRUBIN.

Eh! qu'il me tue!... mais vous!...

LA VOIX, en dehors.

Ouvrez donc!

CHÉRUBIN, courant à la fenêtre**.

Ah!... ce balcon!

LA COMTESSE, voulant le retenir.

Mais c'est la mort!

CHÉRUBIN.

Qu'importe?.. Tu m'as aimé!.. et une heure d'amour, c'est tout une vie!... (Il s'élance par le balcon.)

LA COMTESSE, qui l'a suivi des yeux.

Ah!... (Elle va à la porte du fond et écoute.) Parti! (Entendant du bruit du côté de la fenêtre.) Des pas précipités!...

LA VOIX, en dehors.

Misérable!... défends-toi! (On entend un bruit d'épées.)

LA COMTESSE.

Ciel!... ils se battent!... Ah!... (Elle chancelle et s'appuie, à demi évanouie, sur le dos du fauteuil. — Le théâtre change et représente de nouveau la salle de l'hôtellerie de Pébla. Il fait nuit et la lune éclaire au fond le paysage. — Le costume de la grande dame a disparu, et la comtesse se retrouve sous ses habits de paysanne. Elle se laisse aller sur le bras du fauteuil.

* Chér. la com.
** La com. Chér.

— R'ouvrant les yeux.) Où suis-je?... (Se levant tout à coup.) Mais il était là!.. je l'ai vu s'élancer par ce balcon, au risque de... (Appelant.) Chérubin!.. Chérubin!..

CHÉRUBIN, en page, monté sur une échelle, et montrant sa tête à la fenêtre.

Me voici, marraine *.

LA COMTESSE.

Ah!... C'était un rêve!...

CHÉRUBIN, la regardant.

Qu'avez-vous, marraine?

LA COMTESSE, vivement, en allant à lui.

Rien!... rien!...

CHÉRUBIN.

Oh! ne vous fâchez pas contre moi... je n'ai pas eu le courage de me mettre en route... sans vous revoir une dernière fois!..

CHÉRUBIN.

Air de *la Romance.*

Adieu, belle marraine!
(Que mon cœur, que mon cœur a de peine!)
Adieu, belle marraine,
Plus ne vous reverrai!..

Plus ne vous reverrai!
Peut-être, je mourrai!...
(Reprenant plus vivement.)
Mais non!... Brisant ma chaîne,
(Dans mon cœur, dans mon cœur plus de peine!)
Pour vous revoir, marraine,
Un jour je reviendrai!

(Il saisit sa main, qu'il couvre de baisers, pendant que la comtesse se penche et pose les lèvres sur son front.)

* La com. Chér.

FIN.

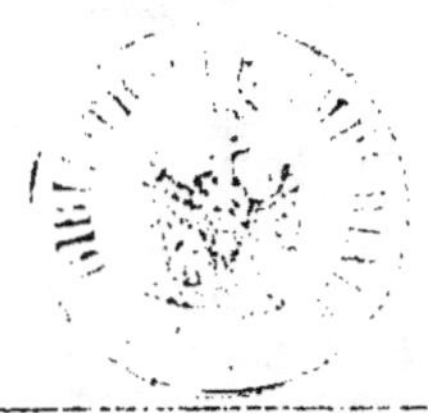

LAGNY. — Imprimerie de VIALAT.

www.ingramcontent.com/pod-product-compliance
Lightning Source LLC
LaVergne TN
LVHW020009170826
845677LV00022B/1063

* 9 7 8 2 3 2 9 6 4 3 1 1 3 *